2. DEZEMBER

Ankunft

Wintergraue Tage,
Dunkelperspektive.

Da kommt der Advent.
Und streut seine Sterne aus:
Funkelperspektive!

Tina Willms

Advent

Sie werden kommen,
die Nächte,
silberlicht,
und den Schleier fortziehen,
für alle,
die noch zu träumen verstehen.
Sie werden kommen,
und über dem Abgrund
unserer Dunkelheiten
wird zwischen
Himmel und Erde
das Wunderbare
spazieren gehen.

Isabella Schneider

4. DEZEMBER

Stille Sinnesfreude

Nur, wo die Stille mich ganz durchdringt,
ahnen der Seele Ohren das leise Herankommen weihnachtlich rettender Zeit,
erblicken der Seele Augen das sanfte Aufscheinen weihnachtlich erhellenden Lichts,
erspürt der Seele Haut das zarte Tasten weihnachtlich warmer Mitmenschlichkeit,
erschnuppert der Seele Nase den Geruch weihnachtlich beruhigender Düfte,
erschmeckt der Seele Mund die Köstlichkeit weihnachtlich erfüllten Seins.

Maria Sassin

Auf dem Weg nach Bethlehem

Im Licht der Stille
verändern sich
die Dimensionen der Dinge und Ereignisse

Im Licht der Stille
sehen wir hinter das Blendwerk der Fassaden,
sehen wir tiefer, erblicken den Grund der Dinge

Im Licht der Stille
öffnen sich Türen ins Verborgene,
ins Allerheiligste

Im Licht der Stille
hörst du die Stimme,
die im Lärm unterging:

Die Stimme, die deinen Namen ruft:
Komm

Gerhard Heilmann

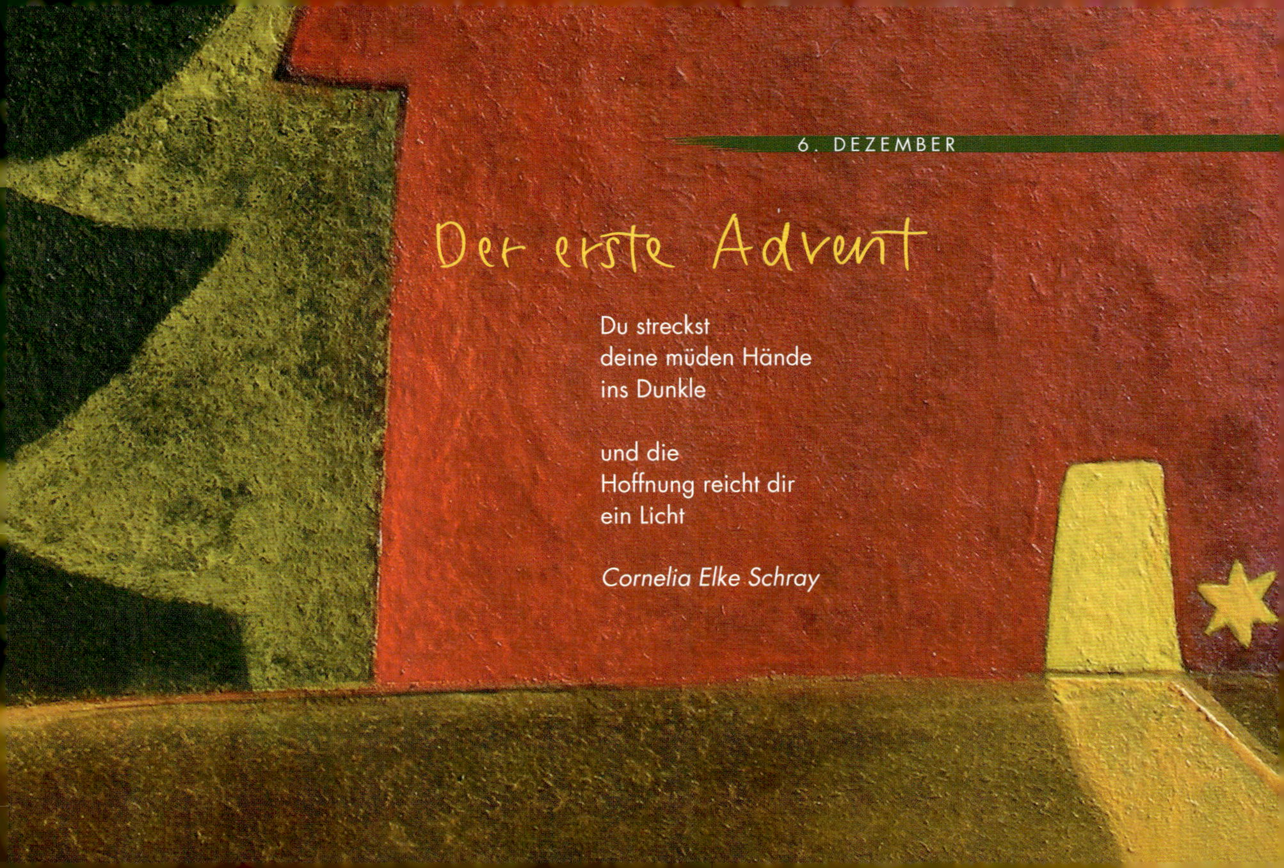

6. DEZEMBER

Der erste Advent

Du streckst
deine müden Hände
ins Dunkle

und die
Hoffnung reicht dir
ein Licht

Cornelia Elke Schray

Menschsein wagen

Auf jeden kommt es an

Wagemut

Glauben wagen
Hoffnung wagen
Zuversicht wagen
Erwartung wagen
Einkehr wagen
Stille wagen
Sehnsucht wagen
Licht wagen
Jubel wagen
Liebe wagen
Menschsein wagen

Carola Vahldiek

Das Wagnis

Weihnacht heißt auch
Auf dich kommt es an
Ob Maria ihr Kind
Zur Welt bringen kann

Ob sie Obdach findet
In kalter Nacht
Ob ihr einer wie du
Die Tür aufmacht

Ob du es wagst
Neue Wege zu gehn
Deine Haut zu riskieren
Allein dazustehn

Hast du diesen Mut
Menschlich zu handeln
Dein Herz zu befragen
Die Welt zu verwandeln?

Weihnacht heißt auch
Auf dich kommt es an
Ob Maria ihr Kind
Zur Welt bringen kann

Doris Bewernitz

Innere Weihnacht

Wenn dein Körper
Zur Herberge wird
Für das Heilige

Wenn du den Frieden
Ausrufst
In dir selbst

Wenn du liebst
Was in dir
Geboren wird

Doris Bewernitz

Als Mensch geboren

wo menschen lernen
sich selbst zu lieben

wo sie einander
in achtung begegnen

wo die tiefe sehnsucht nach leben
sie zusammenführt

wo das verbindende wichtiger ist
als das trennende

wo hoffnung
miteinander geteilt wird

wo liebe weitergegeben
und angenommen wird

wo reichtum
armut besiegt

wo um frieden
ernsthaft gerungen wird

wo licht in die welt
gebracht wird

da wird gott
als mensch geboren

Beate Schlumberger

11. DEZEMBER

Vorweihnacht

Jeden Tag hoffen
auch in der Nacht
Jeden Tag schenken,
auch mit leeren Händen.
Jeden Tag lieben
mit all unserer Menschlichkeit.
Dann ist Weihnachten
ganz nah.

Maria Sassin

12. DEZEMBER

Das Versprechen

Friede soll werden
Auf unsrer Erden
Sehnsucht der Menschen
Von Anbeginn

Doch immer noch gellen
Die Länder von Kriegen
Immer noch raffen sie
Alles dahin

Immer noch Waffen
Die Liebe zerschlagen
Immer noch haben
Die Starken das Sagen

Einer erinnert uns
Einer verspricht
Einer sagt es uns zu
So bleibt es nicht

Friede soll werden
Friede auf Erden

Doris Bewernitz

Heller Stern in dunkler Nacht

Im Licht der Hoffnung

Der kleine Löwe

Es war einmal ein kleiner Löwe, der lebte in einer Höhle am Ende der Welt.
Eines Nachts erwachte der kleine Löwe von einem wunderbaren Gesang. Er sprang auf. Vor der Höhle saß der alte Löwe.
„Was machst du mitten in der Nacht vor der Höhle?“, fragte der kleine Löwe.
„Ich warte!“, antwortete der alte Löwe.
„Worauf wartest du?“, fragte der kleine Löwe.
Der alte Löwe zeigte in die dunkle Nacht.
Der kleine Löwe sah den Stern. Sein helles Licht durchbrach alle Finsternis. Da wusste er, dass etwas Großes geschehen war.

Tag und Nacht. Und er war stolz darauf, dass er den Stern erkannt hatte, denn der Stern führte ihn zu der Stadt Bethlehem.
Dort sah er sich nach allen Seiten um. Wo war sein Palast, der Palast des neugeborenen Königs?
Über einem armseligen Stall blieb der Stern stehen. Sein Licht glitt durch die Öffnung auf ein kleines Kind, das in einer Krippe lag.
„Das kann der König nicht sein, ein Kind ohne Krone, ohne Land!“, seufzte der kleine Löwe.
Enttäuscht wandte er sich ab, und mit einem Mal spürte der kleine Löwe, wie müde er war, und eine große Traurigkeit erfüllte sein Herz.

„Nun ist der König geboren, der Erlöser der Welt. Er ist mächtig und stark!“, sagte der alte Löwe.

„Mächtiger als du?“, flüsterte der kleine Löwe.

Da nickte der große, alte Löwe. „Mächtiger als ich!“ Dann schwieg er in Gedanken.

„Und wo ist er jetzt?“, fragte der kleine Löwe.

„In Bethlehem!“, antwortete der alte Löwe.

„Ich will ihn sehn!“, sagte der kleine Löwe.

„Dann mach dich auf den Weg!“

Wieder zeigte der alte Löwe zum Himmel. „Folg dem Stern, wohin er dich auch führt!“

Da machte sich der kleine Löwe auf den Weg nach Bethlehem, den König zu suchen.

Er wanderte über Berge und Hügel, durch Dörfer und Städte, durch Steppen und Wälder und folgte dem Stern.

Er kletterte auf hohe Bäume, damit er ihm näher kam.

Er überquerte einen breiten Fluss.

Er erklomm die steilsten Felsvorsprünge.

Er fror. Er hungerte. Aber er folgte ihm.

Er wusste nicht, wie lange er so gewandert war. Ohne dass es der kleine Löwe bemerkte, geschah mit ihm eine seltsame Veränderung. Er wuchs, während er dem Stern nachging und an den mächtigsten König, den Erlöser der Welt, dachte. Je mehr er ging, umso kräftiger wurde sein Schritt. Seine Krallen waren so stark wie nie zuvor, und seine Stimme klang weit über die Steppe. Er wanderte Nachdem er weiter gewandert war, bemerkte er, dass er den Stern aus den Augen verloren hatte. Wie er auch suchte, er fand ihn nicht.

Drei Tage und Nächte irrte der kleine Löwe umher. In der dritten Nacht beschloss er, umzukehren. Wieder überquerte er den Fluss. Müde kletterte er auf einen Berg.

Da erschien ihm in der Dunkelheit der Stern, und wieder leuchtete er über jenem armseligen Stall heller als zuvor.

Plötzlich spürte der kleine Löwe, dass mit ihm eine seltsame Verwandlung geschehen war. Sein Schritt war kräftig, seine Krallen stark und sein Kopf mächtig. Er war kein kleiner Löwe mehr. Voller Freude rannte er den Berg hinunter zum Stall.

Wie groß war sein Erstaunen, als er näher trat. Menschen und Tiere machten ihm Platz.

Wieder vernahm er den Gesang. Verwundert lauschte der Löwe. Vor dem kleinen Kind in der Krippe neigte er seinen Kopf:

„Du bist der König, mächtig und stark!“, rief er. Und seine Stimme klang weit durch das ganze Land.

Das Kind aber lächelte.

Antonie Schneider

Ins Leben treten

Über den dunklen Tagen
geht nun die Nacht auf
mit mildem Schein.

Und in den Winter ist
eine Blüte gewachsen,
die unter dem Schnee
an Farbe gewinnt.

Es ist die Zeit,
in der Bilder sich
aus dem Rahmen lösen.

Als wollten sie endlich
ins Leben treten.

Sollte es klopfen,
so öffne die Tür.

Tina Willms

Da kommt einer

Da kommt einer
Der öffnet die Tür
Zwischen Himmel und Erde

Regen dringt in die Krume
Gras sprießt
Alles wird grün

Engel gehen ein und aus
Und verkünden
Gewaltiges

Da kommt einer
Der öffnet die Tür
Auch für dich

Doris Bewernitz

15. DEZEMBER

Die Welt, die monden ist

Vergiss, vergiss, und lass uns jetzt nur dies
erleben, wie die Sterne durch geklärten
Nachthimmel dringen, wie der Mond die Gärten
voll übersteigt. Wir fühlten längst schon, wie's
spiegelnder wird im Dunkeln; wie ein Schein
entsteht, ein weißer Schatten in dem Glanz
der Dunkelheit. Nun aber lass uns ganz
hinübertreten in die Welt hinein,
die monden ist.

Rainer Maria Rilke

16. DEZEMBER

Im Schein einer Kerze

Im Schein einer Kerze
wird vieles schon gut
Ihr Leuchten erzählt uns
im Dunkeln habt Mut

Im Schein einer Kerze
gehen Lichter uns auf
ein Kind ist verheißen
Welt freu dich darauf

Im Schein einer Kerze
sind die Engel ganz nah
halten uns an den Händen
und sind für uns da

Cornelia Elke Schray

17. DEZEMBER

was hilft

In der Kälte die Glut
schon erhebt sich mein Mut

Im Schweigen ein Wort
schon wärmt mich der Ort

Im Dunkeln ein Licht
schon fürcht ich mich nicht

Doris Bewernitz

Wunderzeit

Nimm die kleinste Kerze
und zeig sie der größten Dunkelheit.
Nimm den kleinsten Mut
und gib ihn der größten Angst.

Alles wird neu.

Cornelia Elke Schray

Lebt!

Schüttelt den Staub von euren Seelen!
Lüftet den hintersten Herzschmerz!
Habt gute Träume in der Nacht!
Gebt den Verzweifelten ein Licht!
Räumt aus, was euch am Leben hindert!
Tanzt, lacht, lasst eure Stimmen laut werden!
Genießt die Fülle der himmlischen Freude!

Euch ist heute die Hoffnung geboren!

Cornelia Elke Schray

Ein Kind ist geboren
Wie Weihnachten verwandelt

Weihnachten ist mehr

weihnachten
ist mehr
als die innigkeit
von vater und mutter
mit ihrem neugeborenen kind

weihnachten
ist mehr
als schöne geschenke
und gutes essen
traute gemeinschaft
und angenehmes ambiente

weihnachten
ist mehr
als enttäuschte erwartungen
und unerfüllte sehnsüchte
lauernde konflikte
und verletzte liebe

weihnachten
ist mehr
viel mehr
ist die geburt
der liebe
in mir
zwischen uns
in der welt

Beate Schlumberger

21. DEZEMBER

Zeitenwende

Es wendet sich die Sonne,
gewendet wird die Zeit,
Christ, unser aller Wonne,
legt an der Menschen Kleid.

Es wenden sich die Zeiten,
gewendet wird die Not,
ein Stern, der wird uns leiten
zum Kind, zu Wein und Brot.

Es tanzen alle Sterne,
getanzt wird voller Freud
in Nähe und in Ferne,
denn Weihnachten ist heut.

Maria Sassin

22. DEZEMBER

Weihnacht:

Ein Sehnen nach Leben
nach Heilung

Heimweh auch
nach dem Paradies
das wir verloren haben
damals
in Kinderschuhen

Anne Steinwart

Verschenke, was nur du geben kannst

Das, was wie Gold für dich ist:
eine kleine Spanne deiner kostbaren Zeit.
Liebe, die dauert.
Einen weisen Gedanken
wie einen Schatz aus der Tiefe.

Verschenke, was wie Weihrauch ist:
dein Staunen, deine Bewunderung.
Demut vor dem Unbegreiflichen.
Die Gabe, im Kleinsten
das Größte zu sehen.

Verschenke, was wie Myrrhe ist:
Mitleid, Trost und Erbarmen.
Die Kraft, zusammen
eine weite Wüste zu durchqueren.
Den Mut, an das Ziel zu glauben.

Verschenke das,
was nur du geben kannst.
Du wirst bekommen,
was nur für dich bestimmt ist.

Inge Müller

Mitten in der Nacht
24. DEZEMBER

mitten in der nacht
wird ein kind geboren

mitten in der nacht
kommt die hoffnung
das heil
das leben
zur welt

mitten in der nacht
werden freude
und frieden angekündigt

mitten in der nacht
geschieht aus einem tristen alltag heraus
ein verheißungsvoller aufbruch

mitten in der nacht
wird ein licht sichtbar
und zeigt den weg

mitten in der nacht
feiern fremde
ein fest der gemeinschaft

mitten
in der nacht
kann das leben
neu beginnen
aufblühen
sich erfüllen

Beate Schlumberger

25. DEZEMBER

Weihnachten

ein Kind
eine Mutter
ein Stern
ein Stall
darin liegt begründet
das Weltenall

Eva-Maria Leiber

26. DEZEMBER

Neugeburt

Wo Frieden, Achtung
und Hoffnung klingen,
wo frohgemute
Kinder noch singen,

wo Licht und Freude
sich Wege bahnen
und Samenkörner
den Frühling ahnen,

wo Treue und Liebe
in uns noch leben,
da wird es täglich
neu Weihnachten geben.

Da wächst Vertrauen,
nichts geht verloren,
da wird in den Herzen
Christ uns geboren.

Maria Sassin

Die drei Weisen

Unterwegs in
der Dunkelheit
folgten sie
dem Stern

sie suchten
einen Palast
und fanden
den Stall

sie erhofften
einen König
und sahen
das Kind

sie vernahmen
die Botschaft
und spürten
den Frieden

Marion Schmickler-Weber

Für dich

Ein Stern
Dein Wegweiser

Ein Engel
Dein Licht

Ein Stall
Deine Zuflucht

Eine Krippe
Dein Ursprung

Ein Kind
Deine Hoffnung

Cornelia Elke Schray

Am Ende des Jahres

Was von Weihnachten bleibt

Die drei Königinnen

Es waren einmal drei Königinnen. Die eine spann, die andere bereitete den Teig für das Brot und die dritte wob ein Tuch.
„Ach“, sagte die Königin mit dem roten Hut. „Mir träumte heute Nacht, dass mein Mann, der König, sein bestes Kamel sattelte und auf Reisen ging.“
„Ach“, sagte die Kleine, Schmale mit dem blauen Sternenkleid. „Mir sagte mein Mann, er habe in einem alten Buch von einem König gelesen, der bald geboren würde und Frieden und Rettung und Heil brächte für die ganze Welt.“
„Und mir“, erwiderte die Königin mit dem goldenen Gewand, die Große, die Kräftige. „Mir träumte, dass mein Mann sich aufmachen würde mit euren Männern, mit Caspar und Melchior, um einem Stern zu folgen, der ihnen den Weg zeigt zu dem neugeborenen König.“
Am nächsten Tag machten sich die Könige tatsächlich auf den Weg, wie es die Königinnen geträumt hatten. Der eine trug Gold mit sich, der andere Weihrauch und der dritte Myrrhe.
„Es muss ein ganz besonderes Kind sein, das unsere Männer suchen“, sagten die Königinnen. „Wir wollen nicht untätig sein.“
So machten sie sich an die Arbeit, während die Könige dem Stern folgten. Als die Könige das Kind in einem Stall fanden, wuchs von dort ein großer Regenbogen zum Palast der Königinnen.

Da wussten sie, dass das Kind geboren war. Und die Königinnen sagten: „Wir werden ein Fest bereiten."

Und sie schmückten ihren Palast und kochten und backten und zündeten die Lichter an. Dann hielten sie ihre Geschenke bereit für das Kind.

„Das Kind wird unsere Schmerzen tragen, dafür ist das Tuch. Es wird unseren Hunger stillen, dafür ist das Brot. Es wird uns den Weg zeigen, dafür ist der rote Faden", sagten sie.

Und die Königinnen deckten den Tisch, breiteten das Tuch aus und darauf das Brot und den Faden und entzündeten die Lichter.

Tiere und Menschen kamen herbei. Die Vögel sangen, und sie feierten zusammen die ganze Nacht. Sie tanzten und aßen und lachten. „Es ist eine besondere Nacht!", sagten die Menschen und Tiere.

Und die Königinnen saßen da voller Erwartung.

Und die Königinnen freuten sich.

„Wir werden warten und Geduld haben", sagten sie.

„Das Kind wird wachsen, und wir werden älter werden.
Es ist auch unser Kind, das in dieser Nacht geboren wurde.
Wir werden bereit sein, bis es zu uns
kommt, und ein Licht anzünden,
wenn es dunkel ist."

Antonie Schneider

Am Ende des Jahres

Am Ende des Jahres ruhig werden
Sich nicht anstecken lassen von dem
Was angeblich sein muss
Am Ende des Jahres ruhig werden
Tag für Tag ruhiger
Eintreten in eine besondere Zeit
Stillhalten
Loslassen, was vorbei ist
Schweres ablegen
Eine Kerze anzünden
Sich vorbereiten
Am Ende des Jahres ruhig werden
Sich innen schön machen
Für das Kind und das Licht
Für den Anfang und den Frieden

Doris Bewernitz

Himmel und Erde

Himmel, berühre die Erde
senke deine wärmenden Strahlen
in alles Erstarrte

Himmel, berühre die Erde
erhelle mit deinem Licht
alle Dunkelheiten

Himmel, berühre die Erde
verzaubere mit deinen Farben
alle Eintönigkeit

Himmel, berühre die Erde
tränke den durstigen Boden
und erfrische alle Ermatteten

Himmel, berühre die Erde
heile durch die Stille der Nacht
alle Wunden

Himmel, berühre die Erde
erfülle mit schöpferischer Fantasie
die Enge der Menschenherzen

Himmel, berühre die Erde
schütze mit deiner Nähe
die Erde, das Wasser, die Luft
die Pflanzen, die Tiere, die Menschen

Himmel, berühre die Erde
in mir
durch einen Menschen
der Gottes Gesicht hat

Himmel, lass dich umarmen
auf dieser Erde.

Elisabeth Bernet

Spuren des Lebens

Was krumm ist, wird gerade
Unwegsames wird gangbar
Abgeschnittenes kommt zusammen
Verletztes wird verbunden
Verdecktes kann sich zeigen
Gefesseltes wird befreit
Unbedeutendes kommt zu Ehren
Verlorenes findet Geborgenheit
Zerbrochenes wird heil

Noch nicht und doch auch schon jetzt
ein Licht mitten im Dunkel
im Schweigen ein Lied

Im alltäglichen Wirrwarr
erfüllt sich die Sehnsucht
und ein Geheimnis ist in allem
zu ahnen, zu spüren

Das Geheimnis
das uns trägt und hält
in dem Kraft und Hoffnung
zum Leben entspringen

Bernhard Kraus

Weit offen

mögen wir weit offen sein
für das rettende
das heilsame
das wunderbare
im leben
das in vielerlei gestalt
überall
und für alle
vorhanden ist
so dass frieden
sich in uns ausbreitet
licht
in und aus uns leuchtet
und wir ein vertrauensvolles ja finden
zu dem was ist
und was kommt

Beate Schlumberger

Zur Künstlerin:

Barbara Trapp (1950–2023) studierte Kunst und Design an der Hochschule „Burg Giebichenstein" in Halle/Saale. Anschließend war sie als wissenschaftliche Mitarbeiterin im Modeinstitut der DDR in Berlin (Bereich Modeforschung) tätig. Später arbeitete sie zunächst als Lehrbeauftragte, dann als wissenschaftlich-künstlerische Mitarbeiterin an der Hochschule der Künste Berlin (Fachbereich Design), bevor sie sich 1987 selbstständig machte. Weitere Informationen unter www.bt-kunst.de

Zur Autorin:

Die Geschichten in diesem Adventskalender stammen von **Antonie Schneider**. Nach Klosterschule und Studium arbeitete sie einige Jahre als Lehrerin an einer Dorfschule und veröffentlichte ihren ersten Gedichtband. Bekannt geworden ist sie aber vor allem als Autorin von Kinderbüchern, für die sie auch zahlreiche Auszeichnungen erhielt. Heute lebt sie im Dreiländereck in einem kleinen Ort im Allgäu, in einem alten Haus mit vielen Büchern und Geschichten – erträumten und wahren. Weitere Informationen unter www.literaturport.de

Verlagsgruppe Patmos in der Schwabenverlag AG, Ostfildern
Im Alten Rathaus/Hauptstraße 37
D-79427 Eschbach/Markgräflerland

www.verlag-am-eschbach.de

Konzeption und Textredaktion: Ilka Osenberg-van Vugt, Verlag am Eschbach
Gestaltung und Satz: Angelika Kraut, Verlag am Eschbach
Kalligrafie: Ulli Wunsch, Wehr
Herstellung: Neue Süddeutsche Verlagsdruckerei GmbH, Ulm
Hergestellt in Deutschland
ISBN 978-3-98700-097-3

Gedruckt auf FSC®-zertifizierten und anderen kontrollierten Materialien.
Näheres zur Nachhaltigkeitsstrategie der Verlagsgruppe Patmos
auf unserer Website www.verlagsgruppe-patmos.de/nachhaltig-gut-leben

Manufakt

Dieser Baum steht für Erhaltung unserer natürlichen Lebensgrundlagen, umweltschonende Ressourcenverwendung und nachhaltige Herstellung.
Individuell und mit Liebe gemacht.

Textnachweis:

Antonie Schneider, Das Geschenk, aus: Das große WeihnachtsWunderBuch, © 2021 dtv Verlagsgesellschaft mbH § Co. KG, München.

Antonie Schneider, Der kleine Löwe, © 2019 Verlag am Eschbach, Verlagsgruppe Patmos in der Schwabenverlag AG, Ostfildern.

Antonie Schneider, Die drei Königinnen, © 2016 Verlag am Eschbach, Verlagsgruppe Patmos in der Schwabenverlag AG, Ostfildern.

Tina Willms (2.12.), Ankunft, aus: dies., Momente, die dem Himmel gehören. Gedanken, Gedichte und Gebete für jeden Tag, 2. Aufl., © Neukirchener Verlagsgesellschaft 2022.

Bei folgenden Texten liegen die Textrechte bei den Autorinnen und Autoren:
Elisabeth Bernet (30.12.); Doris Bewernitz (8.12.; 9.12.; 12.12.; 14.12; 17.12.; 29.12.); Gerhard Heilmann (5.12.); Bernhard Kraus (31.12.); Eva-Maria Leiber (25.12.); Inge Müller (23.12.); Maria Sassin (4.12.; 11.12.; 21.12.; 26.12.); Beate Schlumberger (10.12.; 20.12.; 24.12.; 1.1.); Marion Schmickler-Weber (27.12.); Isabella Schneider (1.12.; 3.12); Cornelia Elke Schray (6.12.; 16.12.; 18.12.; 19.12.; 28.12.); Anne Steinwart (22.12.); Carola Vahldiek (7.12.); Tina Willms (13.12.).

... staunen

ESCHBACHER ADVENTSKALENDER

Die Advents- und Weihnachtszeit ist eine ganz besondere Zeit, die berührbarer, durchlässiger macht. Wie reich man in dieser Zeit beschenkt wird, zeigen diese weihnachtlichen Lebensschätze. Sie öffnen den Blick für die Wunder, die uns begegnen. Dabei geht um Sehnsucht, Erwartung, Stille, Miteinander, Licht, Freude, Geschenk, Hoffnung und Vertrauen. Ausgestattet mit den Collagen von Barbara Trapp ein stimmungsvoller Adventskalender, der einlädt zum Still werden und Staunen.

ESCHBACH
www.verlag-am-eschbach.de
ISBN 783-9-8700-097-3
783987 000973

1. DEZEMBER

Freude frei Haus

So plötzlich
steht sie dann immer
vor der Tür,
im Mantel
mit den tiefen Taschen
und Armen weit,
unsere Wünsche
auf den Weg zu bringen,
die lauten und leisen,
geheimen, bunten,
glanzvoll verpackten,
gerade noch gefundenen –
mit himmlischen Grüßen
auch dieses Jahr:
die Weihnachtszeit.

Isabella Schneider

… ßen Palast sterben würde. Er hatte die ganze Welt gesehen und besaß alle Reichtümer, aber Gott, den er suchte, hatte er nicht gesehn. Und weil der König von Tag zu Tag älter wurde, seine Stunden waren gezählt, erließ er in seiner großen Angst folgenden Befehl:

Er drohte seinem Land die schwersten Strafen an, wenn es niemandem gelänge, ihm, dem König, in drei Tagen Gott zu zeigen.

Da breitete sich überall im ganzen Land, in den Dörfern und Städten und im königlichen Palast große Trauer aus. Auch seine Gesandten, die Weisen, die Ärzte, die Soldaten, die Bäcker, Bauern, Köche und Schneider wussten sich keinen Rat.

Als Filipa vom Befehl des Königs erfuhr, fühlte sie großes Mitleid mit ihm und seinen Untertanen. So ging sie zu seinem Palast, bat um Einlass und sprach: „Mit Gottes Hilfe will ich des Königs Willen erfüllen!"

Da lachte der alte König und spottete über sie. Filipa aber führte ihn auf einen freien Platz und zeigte ihm die Sonne.

„Siehst du die Sonne?", fragte Filipa. Geblendet von ihrem Licht schloss der König seine Augen und senkte sein Haupt.

„Ich werde blind, wenn ich in die Sonne schaue!", erwiderte der König.

„Und du willst mit deinen schwachen Augen Gott sehen? Die Sonne ist doch nur ein kleines Fünkchen seines flammenden Feuers!", sagte Filipa. „Suche ihn mit anderen Augen!"

Der König aber wunderte sich über die klugen Worte des Mädchens und – milder gestimmt – sagte er zu ihr: „Dann sage mir, was vor Gott war?"

… hereingebrochen. Nur ein Nachbarhund bellte.

Da hörte sie plötzlich, wie sie jemand bei ihrem Namen rief: „Lauf über's Feld zum Stall, Filipa!" Verwundert drehte sie sich um. Die Gasse war leer. Von Unruhe getrieben warf sie ihr Tuch um, entzündete ihre Laterne und rannte über das Feld. Als sie zu dem Stall kam, leuchtete der Mond so hell wie die Sonne am Tag, und der ganze Himmel war mit Sternen übersät. Im Stall aber fand sie ein Kind in Windeln gewickelt und in einer Krippe liegend.

Da kniete Filipa vor ihm nieder. War das der Erlöser der Welt, auf den sie gewartet hatte? Ein großes Geheimnis umgab dieses Kind.

Das Kind aber streckte ihr seine Arme entgegen. Da weinte Filipa vor Glück. Nun wusste sie die Antwort auf des Königs Frage.

Als sich Filipa aufrichtete, sah sie zu ihrer Verwunderung den alten König vor dem Kind knien. Er hatte die Zeichen seiner Königswürde abgelegt.

Er sah sie an und lächelte, seine Angst war verflogen: „Jetzt weiß ich selbst, was Gott tut", sagte er leise. „Gott wird Mensch."

Antonie Schneider
Nach einer Erzählung von Leo Tolstoi.

Advent heißt Ankunft

Zwischen Sehnsucht und Erwartung

Das Geschenk

In einem fremden, fernen Land, in dem immer die Sonne auf goldene Dächer schien, wo Kamele mit ihren kostbaren Lasten unter den Palmen ruhten, lebte ein Mädchen namens Filipa. Sie war ein seltsames Kind. Oft beantwortete sie Fragen, die keiner wusste, oder saß stundenlang am Fenster und wartete auf den Erlöser der Welt, von dem in den alten Schriften geschrieben war.

Als sie eines Tages den König des Landes entdeckte, wie er mit seinem prächtigen Gefolge durch die Gassen und Straßen zog, dachte Filipa: „Wie unermesslich reich und glücklich obendrein muss unser König sein!"

Je mehr sie sich aber in den Gassen umhörte, was die Leute sprachen, desto nachdenklicher wurde sie. Jener König war

Filipa sah ihn lange an. Dann sagte sie: „Zähle!"

„Was bedeutet das?", fragte der König. „Meinst du: eins, zwei, drei?"

Nun unterbrach ihn das Mädchen: „Beginne mit dem, was vor der Eins kommt."

„Wie kann ich das? Vor eins kommt nichts!", erwiderte der König.

„O, Herr", sagte Filipa. „Wisse, auch vor Gott gibt es nichts."

Da schwieg der König beschämt, dann sagte er: „Wenn du mir meine letzte Frage beantworten kannst, werde ich dich reich beschenken. Was tut Gott?"

Doch bevor Filipa antworten konnte, war der König mit seinem Palast verschwunden.

Weihnachtliche Lebensschätze

ESCHBACHER ADVENTSKALENDER

Mit Collagen von Barbara Trapp und Geschichten von Antonie Schneider